머리말

안녕하세요!
만화가 부부 인호빵(김인호, 남지은)입니다.
어느덧 쓱싹 시리즈 4탄이 탄생했어요!
바로 바로, <수수께끼>편입니다. (빰빠라밤!)
남녀노소 누구나 좋아하는 수수께끼!
여러분도 기대되죠?

여러분 '수수께끼'는 무슨 뜻일까요?
사전에는 '어떤 사물에 대하여 바로 말하지 아니하고 빗대어 말하여
알아맞히는 놀이'라고 되어 있어요.
요즘은 '수수께끼'보다 '난센스 퀴즈'라고 더 많이 불리기도 하고
'아재개그'와도 비슷한 면이 많습니다.

여러분은 수수께끼를 일상에서 자주 접하나요?
저는 펜데믹 때 컴퓨터 화면으로 비대면 모임을 종종 했는데,
그때마다 수수께끼를 활용하곤 했어요.

처음 보는 사람들과 온라인으로 만나면, 처음엔 분위기가 꽤 어색하거든요!
그렇게 어색한 순간, 제가 수수께끼를 내면! 박장대소까지는 아니지만,
'피식~' 하고 웃게 되면서 따뜻한 분위기가 되곤 했답니다.
그러고 보니, 수수께끼는 상대방 마음의 문에 '똑똑' 노크를 하는 것 같아요!
여러분도 처음 보는 친구와 친해지고 싶다면 살며시 다가가 수수께끼로
마음의 문을 열어 보세요!
분명 웃음꽃이 피는 즐거운 시간을 보낼 수 있을 거예요!

또 열심히 공부하다가 잠시 쉬고 싶을 때,
《쓱 읽어도 싹 이해되는 초등 수수께끼》를 펼쳐 보세요!
재밌는 그림과 퀴즈를 통해 즐거운 시간을 보낼 수 있어요!
그럼 이제 쓱싹 시리즈 4탄《쓱 읽어도 싹 이해되는 초등 수수께끼》속으로
들어가 볼까요?

출발!

인호빵

인물소개

아빠 김 작가

20년 차 웹툰 작가로, 연재 때문에 바쁘지만 언제나 가족과 함께 더 많은 시간을 보내려고 애쓰는 다정한 아빠!

엄마 남 작가

아빠와 함께 작품을 만드는 만화 스토리 작가! 네 명의 자녀를 홈스쿨링하며 함께 배우고 성장하는 중이다.

첫째 아들 션

둘째 아들 뚜

청소년기에 접어들어 가끔 성숙한 모습을 보이기도 하는 든든한 첫째! 그림 그리는 시간이 세상 제일 행복하다고 한다.

농구와 음악을 사랑하는 멋진 둘째! 쑥쑥 자라고 있지만 아직도 개구쟁이 모습을 유지하고 있다. 힘이 세서 가족에게 많은 도움을 준다.

형들 놀리는 재미로 사는 셋째 혀니! 엉뚱하고 유쾌한 장난꾸러기지만 그림 그릴 때는 세상 진지한 예술가가 된다.

셋째 아들 **혀니**

막내딸 **랄라**

엄마 아빠한텐 애교 만점 사랑스러운 막내딸! 오빠들한텐 목소리로 휘어잡는 여장부! 노래와 장난감 놀이를 제일 좋아한다.

잭슨

폴

팔다리가 길고 똑똑하다. 소심한 성격 탓에 폴과 친해지는 데 시간이 걸렸지만, 지금은 폴과 둘도 없는 단짝이다.

팔다리가 짧고 털이 엄청나게 많다. 목소리가 우렁차며 엄청 빠르게 뛰어다니는 게 특기로, 성격이 급한 편이다.

이렇게 활용하세요

① 초등 아이들이 재미있게 생각하고 답을 맞힐 수 있는 수수께끼 200개를 뽑았어요.

② 그림 속에 수수께끼 힌트가 숨어 있어요.

③ 말풍선 속 대사나 어휘를 곱씹어 보고 상황에 빗대어 정답을 유추해요.

④ 물건의 쓰임이나 특징 속에 수수께끼 답이 숨어 있어요.

⑤ 의성어나 의태어도 힌트가 될 수 있어요.

⑥ 그래도 모를 때는 정답을 보고 수수께끼와 그림을 해석해 보세요.

001	가난하지만 부자인 사람들은?	16
002	가도 가도 만나지 못하는 것은?	17
003	가만히 있는데 잘 돌아간다고 하는 것은?	18
004	가벼우면 안 움직이고 무거워야 움직이는 것은?	19
005	가수 '비'의 매니저가 하는 일은?	20
006	가시 돋친 방 안에 앉아 있는 맛있는 대머리는?	21
007	가운데 구멍이 뻥 뚫렸는데도 물에 가라앉지 않는 것은?	22
008	가위 중에 가장 큰 가위는?	23
009	가장 믿음직스러운 오리의 이름은?	24
010	가장 배가 고픈 나라는?	25
011	가장 가벼운 사냥 도구는?	26
012	가지는 가지인데 못 먹는 가지는?	27
013	간다 간다 하면서도 그 자리에 있는 것은?	28
014	갈 때 보아도, 올 때 보아도, 늘 갈 때라고 하는 것은?	29
015	강아지는 강아지인데, 짖지 못하는 강아지는?	30
016	건드리기만 해도 벌을 받는 집은?	31
017	건망증이 심한 사람이 자주 올라가는 산은?	32
018	걸어가면서 길 위에 도장 찍는 것은?	33
019	걸어 다니는 귀는?	34
020	검정 줄무늬가 있는 초록집의 빨간 방에서 검은 형제들이 사는 것은?	35
021	고추가 웃으면?	36
022	곰이 목욕하는 곳은?	37
023	교실에서 모두 공부할 때 공부 안 해도 혼나지 않는 사람은?	38
024	'구(9)가 하늘로 날아간다.'를 세 글자로 하면?	39
025	구겨야만 직성이 풀리는 나무는?	40

026	구명보트에는 총 몇 명이 탈 수 있을까?	41
027	귀는 귀인데 못 듣는 귀는?	42
028	귀에 걸면 귀걸이, 코에 걸면 코걸이, 입에 걸면?	43
029	급히 달려와서 먹는 떡의 이름은?	44
030	기뻐도 나오고 슬퍼도 나오고 매워도 나오는 것은?	45
031	김은 김인데 못 먹는 김은?	46
032	깨뜨리고 칭찬받는 것은?	47
033	꽃은 꽃인데 뜨거운 꽃은?	48
034	'나나가 지구에 왔다.'를 다섯 글자로 하면?	49
035	날아온 창에 찔리기 직전, 옆 사람이 하는 말은?	50
036	남이 먹어야 맛있는 것은?	51
037	남이 이상해야 먹고 사는 사람은?	52
038	내 것인데 남이 더 많이 쓰는 것은?	53
039	내려가기만 하고 올라오지 못하는 것은?	54
040	내려갈 땐 천천히, 올라갈 땐 급한 것은?	55
041	냉동 오리를 두 글자로 줄이면?	56
042	너무 뜨거운 전화는?	57
043	'네 마리의 개가 절을 한다.'를 세 글자로 하면?	58
044	노루가 다니는 길은?	59
045	놀부가 좋아하는 술은?	60
046	눈사람의 반대말은?	61
047	늘 청바지를 달라고 하는 꽃은?	62
048	다녀 봐야 소용없는 고등학교는?	63
049	다리로 올라가서 엉덩이로 내려오는 것은?	64
050	다리미가 좋아하는 음식은?	65

051	다섯 개와 두 개가 싸웠는데 두 개가 이기는 것은?	66
052	다섯은 당기고 다섯은 들어가는 것은?	67
053	덩치는 커도 물지도 짖지도 못하는 개는?	68
054	도둑고양이한테 가장 잘 어울리는 금은?	69
055	도둑이 도둑질하러 갈 때 나는 소리는?	70
056	'독수리가 화났다.'를 네 글자로 하면?	71
057	돈 낭비를 가장 많이 하는 동물은?	72
058	두 발 달린 소는?	73
059	두꺼우면 물이 새고 얇으면 물이 안 새는 것은?	74
060	뒤로 가면 이기고 앞으로 가면 지는 것은?	75
061	들어갈 땐 한 짐 가득인데, 나올 땐 빈털털이가 되는 것은?	76
062	'디(d)가 잠을 잔다.'를 두 글자로 하면?	77
063	땅속에서 사는 개는?	78
064	때를 밀면 하얀 때가 나오는 것은?	79
065	때리면 살고 안 때리면 죽는 것은?	80
066	똑똑한 사람을 가장 많이 만날 수 있는 곳은?	81
067	뜨거운 태양을 보면서 눈물 흘리는 것은?	82
068	라면 끓일 때 빠지면 안 되는 것은?	83
069	많이 맞을수록 좋은 것은?	84
070	말과 행동이 일치해야 하는 선수는?	85
071	맞거나 때려도 혼나지 않는 사람은?	86
072	머리는 두 개, 몸은 하나인 것은?	87
073	머리를 때려야만 칭찬받는 것은?	88
074	머리에 발이 달린 것은?	89
075	먹고살기 위해 하는 내기는?	90

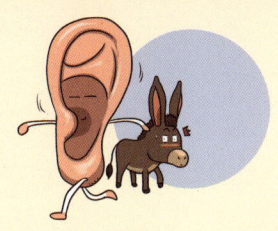

- **076** 먹기 전에는 하나였는데 먹고 나니 두 개가 되어 있는 것은? 91
- **077** 많이 먹으면 죽는데 안 먹을 수 없는 것은? 92
- **078** 먹을 수 있는 금은? 93
- **079** 먹을수록 '덜덜' 떨리는 탕 요리는? 94
- **080** 먹지 않고 뱉어야 하는 약은? 95
- **081** 목수도 고칠 수 없는 집은? 96
- **082** 몸통도 있고 눈과 입도 있는데 머리가 없는 것은? 97
- **083** 무가 자기 소개할 때 하는 말은? 98
- **084** 물건을 샀는데 받는 돈은? 99
- **085** 물고기의 반대말은? 100
- **086** 물고기 중 가장 비싼 물고기는? 101
- **087** 물고기 중 가장 학벌이 높은 물고기는? 102
- **088** 물에 빠졌을 때 처음 만나는 적은? 103
- **089** 물이 아니면서 자기가 물이라고 우기는 것은? 104
- **090** 미소의 반대말은? 105
- **091** 밀수록 멀리 가지만 다리가 없고 긴 팔만 있는 것은? 106
- **092** 바다 가서 해도 되는 욕은? 107
- **093** 바다를 때려 푸른 멍이 들게 하는 것은? 108
- **094** 발버둥치는 사람들만 모이는 곳은? 109
- **095** 발은 발인데 향기가 나는 발은? 110
- **096** 밤만 되면 가는 나라는? 111
- **097** 밤에만 외출하고 나올 때마다 변하는 것은? 112
- **098** 밥 먹고 나면 꼭 찾아오는 거지는? 113
- **099** 밥 먹고 나면 항상 목욕하는 것은? 114
- **100** 방은 방인데 사람이 못 들어가는 방은? 115

101 배가 불러도 계속 먹어야 되는 것은? 116
102 뱀이 불에 타면 뭐가 될까? 117
103 보름달 속에 반달이 여러 개 들어 있는 것은? 118
104 불은 불인데 뜨겁지 않고 따가운 불은? 119
105 비 중에 가장 무서운 비는? 120
106 뽑으면 우는 채소는? 121
107 사람과 항상 함께 자는 개는? 122
108 사람들이 가장 싫어하는 거리는? 123
109 사람들이 즐겨 먹는 제비는? 124
110 새 옷을 입어도 검고 헌 옷을 입어도 검게 보이는 것은? 125
111 새 중에 가장 빠른 새는? 126
112 서로 진짜라고 우기는 신은? 127
113 세계에서 가스가 가장 많이 나는 나라는? 128
114 세상에서 가장 더러운 집은? 129
115 세상에서 가장 뜨거운 복숭아는? 130
116 세상에서 가장 무서운 소녀는? 131
117 세상에서 가장 빠른 개는? 132
118 세상에서 가장 빠른 닭은? 133
119 세상에서 가장 슬기로운 동물은? 134
120 세상에서 가장 차가운 바다는? 135
121 세상에서 가장 행복한 바다는? 136
122 세상에서 가장 행복한 민족은? 137
123 세상에서 제일 큰 나무는? 138
124 소가 네 마리면? 139
125 소가 여러 마리면? 140

126	'소가 웃는 소리'를 세 글자로 줄이면?	141
127	소가 죽으면?	142
128	소가 한 마리면?	143
129	소고기가 없는 나라를 뭐라고 할까?	144
130	손님이 뜸하면 돈 버는 사람은?	145
131	손이 아니라 발로 쳐야 하는 장구는?	146
132	스타들이 싸우는 모습을 뭐라고 할까?	147
133	식당마다 키우고 있는 개는?	148
134	신발이 화가 나면?	149
135	아버지가 가장 좋아하는 돈은?	150
136	아부를 잘하는 사람이 신는 신은?	151
137	아이들이 좋아하는 감은?	152
138	아픈 곳이 없어도 병원에 꼭 가야 하는 사람은?	153
139	'아홉 명의 아이'를 세 글자로 줄이면?	154
140	안녕을 다섯 번 하면 무엇이 될까?	155
141	앉으면 멀어지고 일어서면 가까워지는 것은?	156
142	앞을 가려야만 잘 보이는 것은?	157
143	약도 아닌데 약이라고 하는 것은?	158
144	어려서는 꼬리로 헤엄치고 커서는 다리로 헤엄치는 것은?	159
145	어른들이 즐겨 먹는 피는?	160
146	어린 물고기를 뭐라고 부를까?	161
147	언제나 말다툼이 일어나는 곳은?	162
148	언제나 머리를 풀고 서 있는 나무는?	163
149	엄마가 길을 잃으면?	164
150	여름엔 일하고 겨울엔 쉬는 것은?	165

151	열심히 잘 모은 다음에 버리는 것은?	166
152	오른손을 들면 왼손을 들고, 왼손을 들면 오른손을 드는 것은?	167
153	오이가 죽었다. 묘비명은 뭘까?	168
154	온가족이 모두 기다리는 배는?	169
155	옷을 벗으면 온몸이 이빨투성이인 것은?	170
156	외나무 끝에 갈대밭이 있는 것은?	171
157	운전자가 가장 싫어하는 춤은?	172
158	울다가 그친 사람은?	173
159	음매음매 우는 나무는?	174
160	이(2) 더하기 이(2)는?	175
161	일(1) 더하기 일(1)은?	176
162	일단은 외울 필요가 없는 것은?	177
163	일하기 전에 반드시 검은 물에 목욕하는 것은 무엇일까?	178
164	읽을 수 없는 동화는?	179
165	입으로 먹지 않고 귀로 먹는 것은?	180
166	자가용의 반대말은?	181
167	자나 깨나 볼 수 없는 것은?	182
168	잘못도 없이 항상 밟히는 것은?	183
169	저축을 좋아하는 나무는?	184
170	전화기 숫자를 모두 곱하면 나오는 수는?	185
171	젊어서 늙었다고 하는 것은?	186
172	조금만 나와도 쑥 나왔다고 말하는 것은?	187
173	죽이다의 반대말은?	188
174	쥐 네 마리가 모여 있는 것을 부르는 말은?	189
175	직접 만든 총의 이름은?	190

176	진짜 문제투성이인 것은?	191
177	진짜 새의 이름은 무엇일까?	192
178	차가 다니는 길이 없는 나라는?	193
179	책은 책인데 글자가 하나도 없는 책은?	194
180	추울 때 찾는 끈은?	195
181	추장보다 높은 것은?	196
182	커지면 커질수록 가벼워지는 것은?	197
183	큰 입으로 먹고 작은 입으로 내보내는 것은?	198
184	큰 물고기만 들어갈 수 있는 물은?	199
185	키가 클수록 땅에 가까워지는 것은?	200
186	파리 중에 가장 무거운 파리는?	201
187	팔 없이 서로 끌어당기는 것은?	202
188	팔에서 소리가 나는 것은?	203
189	팽이는 팽이인데 돌지 못하는 팽이는?	204
190	펭귄이 타고 다니는 차는?	205
191	펴면 집이 되고 접으면 지팡이가 되는 것은?	206
192	'하늘과 땅' 사이에 있는 것은?	207
193	하루 종일 꿀을 달라고 하는 동물은?	208
194	한 곳으로 들어가서 두 곳으로 나오는 것은?	209
195	항상 같은 표정으로 추는 춤은?	210
196	항상 방귀를 뀌는 나무는?	211
197	허수아비의 아들 이름은?	212
198	호주에서 쓰는 돈은?	213
199	훔치면 훔칠수록 칭찬받는 것은?	214
200	'할아버지 발은 큰 발이다.'를 네 자로 줄이면?	215

가난하지만 부자인 사람들은?

아들아, 우리 마음만은 부자이니라.

네, 아버지.

정답: 부자간(아버지와 아들)

가도 가도 만나지 못하는 것은?

"우린 왜 가도 가도 만나지 못하는 거니?"

"어서 와."

어푸~ 어푸~

쓱-싹- 수수께끼 003
가만히 있는데 잘 돌아간다고 하는 것은?

정답: 머리

쓱-싹- 수수께끼 004
가벼우면 안 움직이고 무거워야 움직이는 것은?

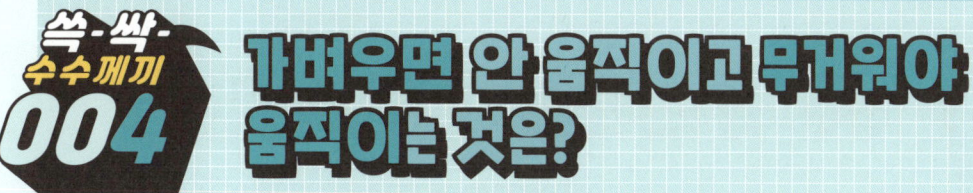

우왓! 엄마, 엄청 무겁다!

이….

여보, 저울이 터졌어.

펑!

500
1500
1kg

정답: 시소 혹은 저울

가수 '비'의 매니저가 하는 일은?

쓱-싹- 수수께끼 006
가시 돋친 방 안에 앉아 있는 맛있는 대머리는?

앗, 따가워!
따끔
따가워도 맛있네!
쩝쩝
따끔
따끔
따끔

정답: 밤

쓱-싹- 수수께끼 007
가운데 구멍이 뻥 뚫렸는데도 물에 가라앉지 않는 것은?

야, 여름이다!

첨벙~

첨벙~

정답 튜브

가위 중에 가장 큰 가위는?

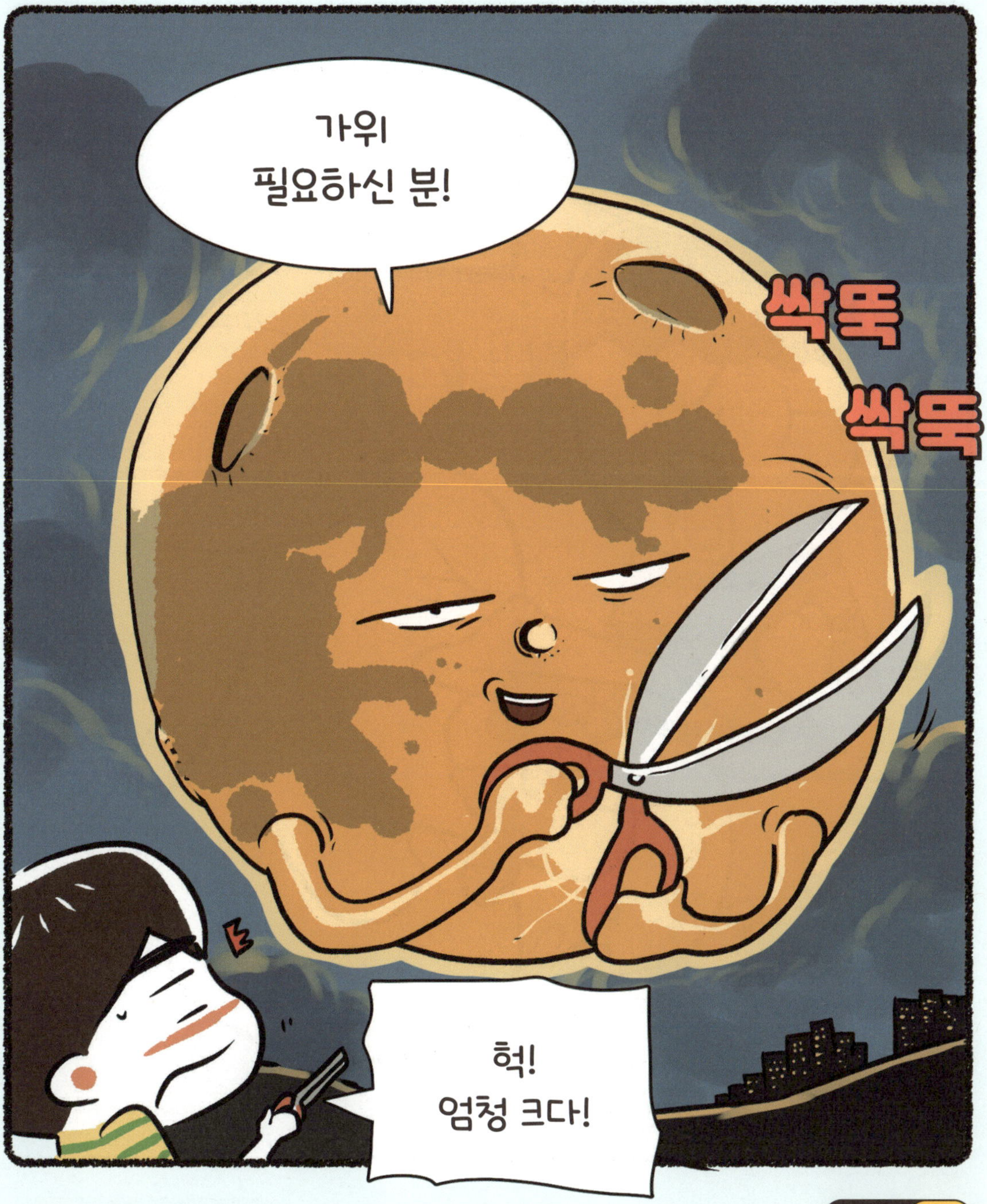

"가위 필요하신 분!"

싹뚝 싹뚝

헉! 엄청 크다!

쏙-싹- 수수께끼 009 가장 믿음직스러운 오리의 이름은?

덕아, 너만 믿는다!

미더덕 잡기 대회

꽥 꽥~

나만 믿으라고!

정답: 미더덕 (duck, 오리)

쓱-싹- 수수께끼 010 가장 배가 고픈 나라는?

배 고파요. 아임 헝그리……, 헝그리!

꼬르륵~
꼬르륵~
꼬르륵~
꼬르륵~

정답 헝가리

쓱-싹- 수수께끼 011 가장 가벼운 사냥 도구는?

# 가지는 가지인데 못 먹는 가지는?

쓱-싹- 수수께끼 013 간다 간다 하면서도 그 자리에 있는 것은?

너 간다고 하지 않았니?
이제 그만 좀 가지 그래?

우리 좀 가지세요. 제발!

정답: 가지

쓱-싹- 수수께끼 014
갈 때 보아도, 올 때 보아도, 늘 갈 때라고 하는 것은?

지금이 갈 때야! 가! 가라고!

갈팡질팡~

또 가?

정답 갈대

쓱-싹- 수수께끼 015
강아지는 강아지인데, 짖지 못하는 강아지는?

넌 왜 짖지 못하니?

읍! 읍!

멍! 멍!
무서워!

정답: 버들강아지

수수께끼 016: 건드리기만 해도 벌을 받는 집은?

쓱-싹- 수수께끼 017
건망증이 심한 사람이 자주 올라가는 산은?

걸어가면서 길 위에 도장 찍는 것은?

에잉! 누가 길에다 도장을 찍는 거야?

정답 가래떡이

걸어 다니는 귀는?

헉! 귀가 걸어 다니네!

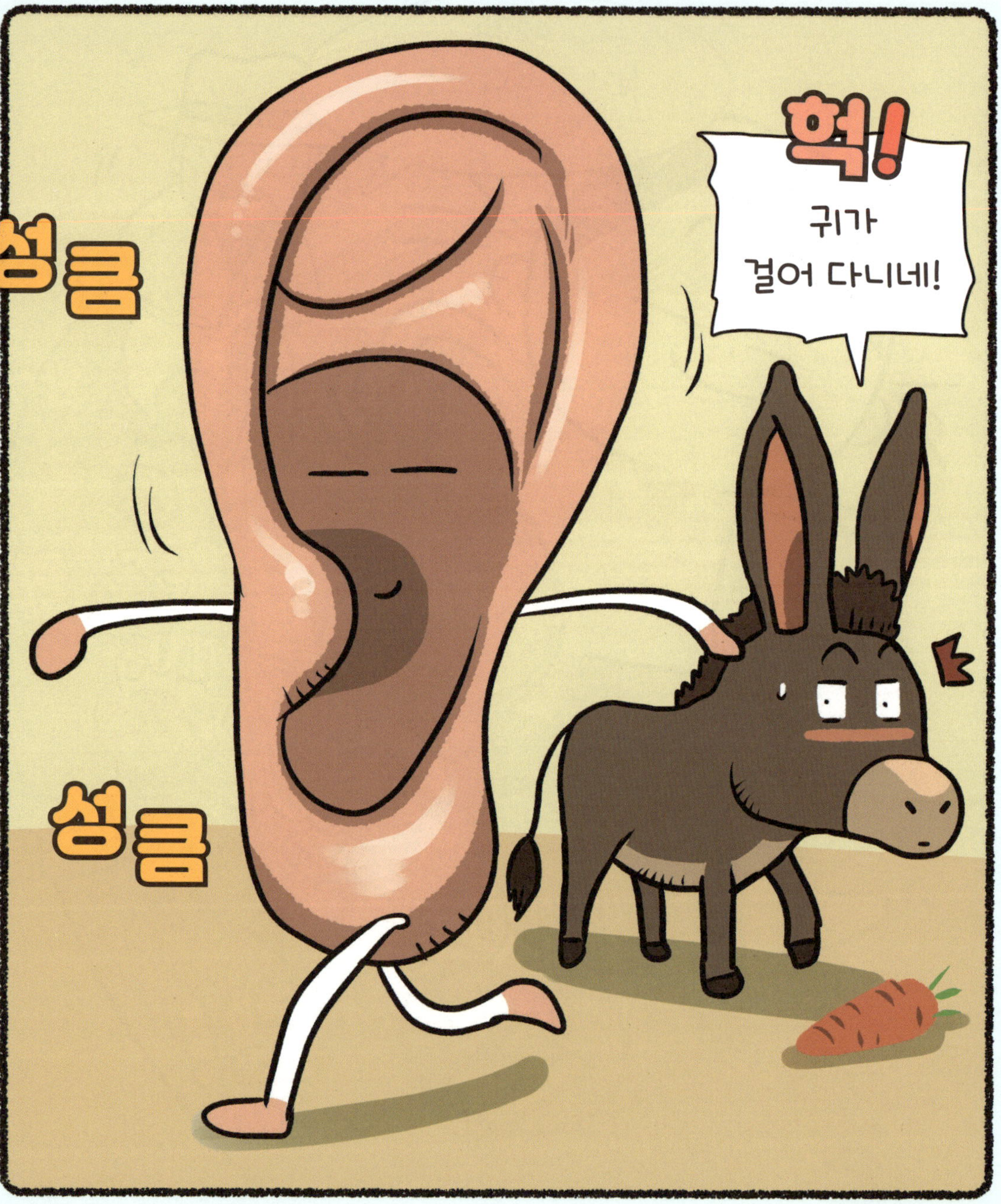

성큼 성큼

쓱-싹- 수수께끼 020
검정 줄무늬가 있는 초록집의 빨간 방에서 검은 형제들이 사는 것은?

역시 여름에는 수박이 최고!

맞아, 맞아.

쩝쩝 쩝쩝 쩝쩝

쓱-싹- 수수께끼 021 고추가 웃으면?

풋! 풋! 풋!

쓱-싹- 수수께끼 022 곰이 목욕하는 곳은?

"하, 시원하다~."

GOM 탕 8,000원

수수께끼 023
교실에서 모두 공부할 때 공부 안 해도 혼나지 않는 사람은?

쓱-쓱- 수수께끼 024
'구(9)가 하늘로 날아간다.'를 세 글자로 하면?

구구구~

구 잡아라!

EXIT

정답: 비상구 (비상(非常): 날듯)

구겨야만 직성이 풀리는 나무는?

정답: 구기자나무

쓱-싹- 수수께끼 026
구명보트에는 총 몇 명이 탈 수 있을까?

"한 명, 두 명, 세 명 ……."

파다다다~

정답 아홉 명(9명)

41

귀는 귀인데 못 듣는 귀는?

쓱-싹- 수수께끼 028
귀에 걸면 귀걸이, 코에 걸면 코걸이, 입에 걸면?

"귀걸이……."

"코걸이……."

"코로나 조심!"

정답 마스크

쓱-싹- 수수께끼 029 급히 달려와서 먹는 떡의 이름은?

쓱-싹- 수수께끼 030
기뻐도 나오고 슬퍼도 나오고 매워도 나오는 것은?

히잉…….

흑흑흑, 슬퍼…….

우왓! 매워!

FIRE~

푸하하하

~~~

롬곡

쓱-싹- 수수께끼 031 김은 김인데 못 먹는 김은?

김 좀 먹자!

하아……,
하아…….

정답: 감기

꽃은 꽃인데 뜨거운 꽃은?

"내 사랑을 받아 줘."

"내 사랑의 표시야."

FIRE~

"앗, 뜨거워!"

쓱-싹- 수수께끼 034 '나나가 지구에 왔다.'를 다섯 글자로 하면?

날아온 창에 찔리기 직전, 옆 사람이 하는 말은?

피 유 우 우~

헉!

얼른 피해!

쉬!

목소리가 너무 크잖아. 창피하게······.

남이 먹어야 맛있는 것은?

쓱-싹- 수수께끼 037 남이 이상해야 먹고 사는 사람은?

헤~~~

띠리리 리리리~

거기 이 상한 사람들 빨리 오세요!

정답: 치과 의사

내 것인데 남이 더 많이 쓰는 것은?

쓱-싹- 수수께끼 039 내려가기만 하고 올라오지 못하는 것은?

우와, 신난다!

일방통행

정답: 강물

쓱-싹- 수수께끼 040
내려갈 땐 천천히, 올라갈 땐 급한 것은?

냉동 오리를 두 글자로 줄이면?

엄마!
언덕 위에 꽁꽁 언 오리가 있어요.

누가 언덕에 오리를…….

너무 뜨거운 전화는?

앗, 뜨거워!

화르륵~

우리 너무 오래 통화했나 봐!

쓱-싹- 수수께끼 043
'네 마리의 개가 절을 한다.'를 세 글자로 하면?

넷째
겨울이

둘째
여름이

셋째
가을이

첫째
봄이

봄, 여름, 가을, 겨울. 사계절 동안 건강하거라.

정답: 사배견

쓱-싹- 수수께끼 044 노루가 다니는 길은?

쓱-싹- 수수께끼 045 놀부가 좋아하는 술은?

씩! 씩!

술 가져 와!

흥부 때문에 또 심술이 나셨어.

힝~

정답: 사약

쓱-싹- 수수께끼 046 — 눈사람의 반대말은?

벌떡!

일어났어요!

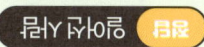

정답: 일어난 사람

쓱-싹- 수수께끼 047 늘 청바지를 달라고 하는 꽃은?

깜짝이야!

아, 이 청바지 갖고 싶다!

진달래가 말을?

쓱-싹- 수수께끼 048 다녀 봐야 소용없는 고등학교는?

에잇!

이 학교는 다녀 봐야 말짱 헛수고야!

정답: 헛수고

다리로 올라가서 엉덩이로 내려오는 것은?

신난다!

야호!

타 다 다 닷~

주르륵~

미끄럼틀

다리미가 좋아하는 음식은?

자, 한 번 펴 볼까!

치이이이~~

쫙쫙 펴자!

정답 피자

쓱-싹- 수수께끼 051
다섯 개와 두 개가 싸웠는데 두 개가 이기는 것은?

가위! 내가 이겼지?

퍼펙!

퍽!

퍼펙!

으, 두 개한테 지다니…….

정답: 가위바위보

쓱-싹- 수수께끼 052 — 다섯은 당기고 다섯은 들어가는 것은?

어디 한번 다듬어 보실까?

짜악~

쓱-싹- 수수께끼 053
덩치는 커도 물지도 짖지도 못하는 개는?

"거의 다 왔다. 이 고개만 넘으면 돼."

"왜 짖지 못하니?"

"…."

멍! 멍!

개조심

쓱-싹- 수수께끼 054 도둑고양이한테 가장 잘 어울리는 금은?

* 도둑고양이 : 요즘은 주인 없이 밖에서 사는 고양이를 길고양이라고 해요.

도둑이 도둑질하러 갈 때 나는 소리는?

털레~ 털레~

룰라룰라……. 슬슬 털러 가 볼까?

헉! 이게 무슨 소리지?

쓱-싹- 수수께끼 056 '독수리가 화났다.'를 네 글자로 하면?

화가 난다!

eagle eagle

정답: 이글이글

돈 낭비를 가장 많이 하는 동물은?

쓱-싹- 수수께끼 058 두 발 달린 소는?

쓱-싹- 수수께끼 059
두꺼우면 물이 새고 얇으면 물이 안 새는 것은?

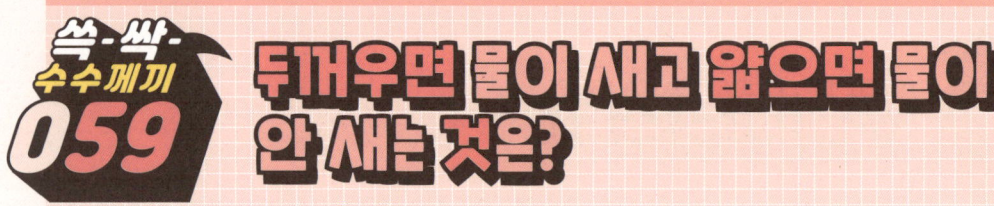

아, 두꺼워…….
두꺼워!

쌔아아아~

제발 비 좀……!

물은 *구름*

쓱-싹- 수수께끼 060
뒤로 가면 이기고 앞으로 가면 지는 것은?

쓱-싹- 수수께끼 061
들어갈 땐 한 짐 가득인데, 나올 땐 빈털털이가 되는 것은?

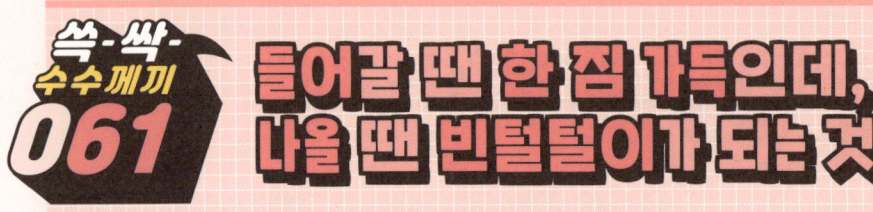

"자, 이제 들어가자!"

쏙!

냠냠~

텅~

정답: 숟가락

쓱-싹- 수수께끼 062 '디(d)가 잠을 잔다.'를 두 글자로 하면?

쿨~
쿨~

어? D가 잔디에서 자네?

정답: 잔디

수수께끼 063 땅속에서 사는 개는?

쓱-싹- 수수께끼 064
때를 밀면 하얀 때가 나오는 것은?

지우개로 깨끗하게 밀어 드립니다.

쓱싹 쓱싹

아, 시원하다!

사사사삭~

정답: 지우개 (연필)

때리면 살고 안 때리면 죽는 것은?

"살아, 살아!"

"아, 이제 살아났다!"

척!

정답 윷놀이

쓱-싹- 수수께끼 066
똑똑한 사람을 가장 많이 만날 수 있는 곳은?

똑똑~ 똑똑~ 똑똑~ 똑똑~ 똑똑~

저…… 기요……. 아직인가……요?

헉!

ㄱㄴㄷㄹㅁㅂㅅㅇㅈㅊㅋㅌㅍㅎ

정답: 화장실

쓱-싹- 수수께끼 067
뜨거운 태양을 보면서 눈물 흘리는 것은?

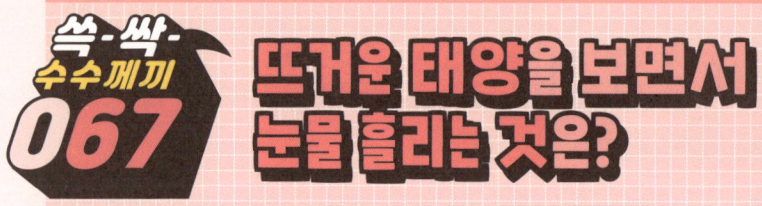

까꿍

다 녹았네.

얼음 팝니다.

태양 미워~~

정답: 얼음

쓱-싹- 수수께끼 068 — 라면 끓일 때 빠지면 안 되는 것은?

쓱-싹- 수수께끼 069 많이 맞을수록 좋은 것은?

많이 맞았구나! 축하해!

헤~

정답 시험문제

쓱-싹- 수수께끼 070 말과 행동이 일치해야 하는 선수는?

뛰어!

뛰어!

폴짝~

정답: 승마선수

맞거나 때려도 혼나지 않는 사람은?

"열심히 때리더니 챔피언이 됐군!"

쓱-싹- 수수께끼 072 — 머리는 두 개, 몸은 하나인 것은?

헉! 머리가 두 개!

우리 쌍둥이~

머리를 때려야만 칭찬받는 것은?

쓱-싹- 수수께끼 074 머리에 발이 달린 것은?

헉! 몸은 어디에……?

뚜벅 뚜벅

정답 문어

먹고살기 위해 하는 내기는?

"모든 걸 건다!"

"내기 좀 그만하고 일 좀 해!"

"으......."

수수께끼 076
먹기 전에는 하나였는데 먹고 나니 두 개가 되어 있는 것은?

쓱-싹- 수수께끼 077 많이 먹으면 죽는데 안 먹을 수 없는 것은?

으…….

뭘 그리 고민하나? 다 먹는 건데.

정답 나이

쓱-싹- 수수께끼 078 먹을 수 있는 금은?

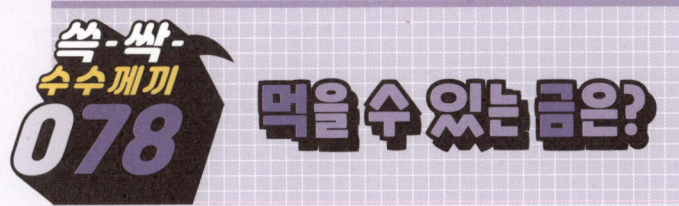

먹을수록 '덜덜' 떨리는 탕 요리는?

쓱-싹- 수수께끼 080 먹지 않고 뱉어야 하는 약은?

먹으면 안 돼!

치카 치카

촤악!

푸우~

정답 치약

목수도 고칠 수 없는 집은?

하아, 이건 저도 못 고칩니다.

목수님, 제발 고쳐 주세요. 이것도 집이잖아요!

씩 씩!

쓱-싹- 수수께끼 082
몸통도 있고 눈과 입도 있는데 머리가 없는 것은?

내 머리 본 사람, 손……!

쓱-싹- 수수께끼 083 무가 자기 소개할 때 하는 말은?

안녕하세요. 전 무랍니다.

무 2,000원

헉!

무가 말을 ……?

쓱-싹- 수수께끼 085 물고기의 반대말은?

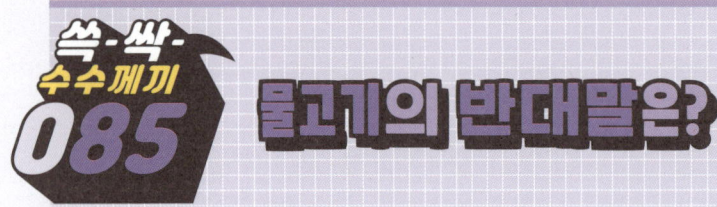

큿큿……. 어디서 고기 냄새가 나는데?

정답: 불고기

쏙-싹- 수수께끼 086 물고기 중 가장 비싼 물고기는?

어디 보자. 가장 비싼 물고기가 어딨지?

문옥어 　정답

물고기 중 가장 학벌이 높은 물고기는?

"난 고등 교육 받은 물고기."

우와, 부럽다!

정답 고등어

물에 빠졌을 때 처음 만나는 적은?

휙 휙

적을 물리쳐라!

튜브 줄까?

허우적~ 허우적~

쓱-싹- 수수께끼 089
물이 아니면서 자기가 물이라고 우기는 것은?

나 물!
나 물!
나 물!
나 물!

나물 세일
시금치 세일

노! 노!
이게 진짜 물이지.

롬ㄱ 음료

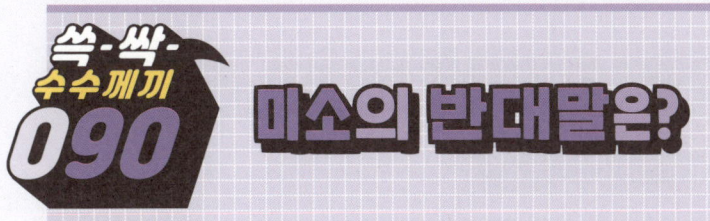

미소의 반대말은?

미소!

쭈우우욱

쓱-싹- 수수께끼 091 밀수록 멀리 가지만 다리가 없고 긴 팔만 있는 것은?

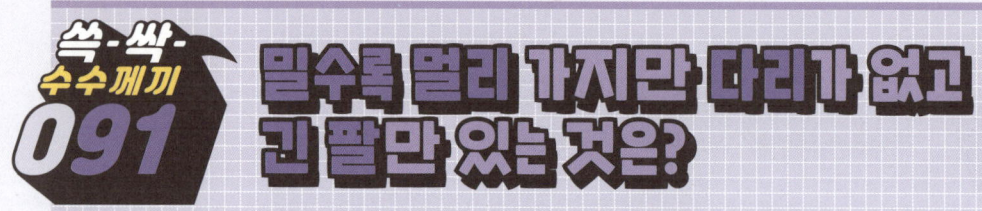

쓱-싹- 수수께끼 093 : 바다를 때려 푸른 멍이 들게 하는 것은?

발버둥치는 사람들만 모이는 곳은?

쓱-싹- 수수께끼 095 발은 발인데 향기가 나는 발은?

아, 향기로워!

우웩!

정답: 꽃다발

쓱-싹- 수수께끼 096 밤만 되면 가는 나라는?

펑~~

밤이다, 갔다 올게!

쓱-싹- 수수께끼 097
밤에만 외출하고 나올 때마다 변하는 것은?

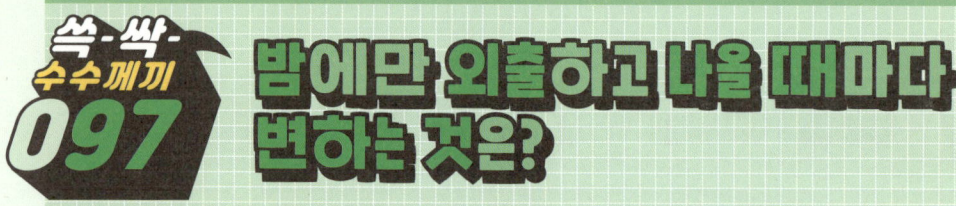

난 밤의 용사! 밤에만 나오지!

정답: 달님

쓱-싹- 수수께끼 099 밥 먹고 나면 항상 목욕하는 것은?

쏴아아아~

쓱싹 쓱싹 쓱싹

아, 시원해!

정답: 설거지

 쓱-싹- 수수께끼 101

배가 불러도 계속 먹어야 되는 것은?

쏙-싹- 수수께끼 102 뱀이 불에 타면 뭐가 될까?

보름달 속에 반달이 여러 개 들어 있는 것은?

와, 달이랑 꼭 닮았어.

냠 냠~

쓱-싹- 수수께끼 104 불은 불인데 뜨겁지 않고 따가운 불은?

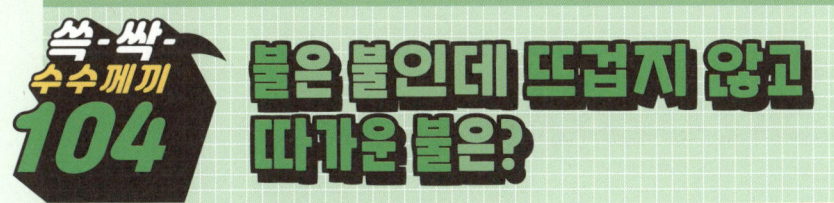

앗, 따가워!

가시 조심!

정답 ▶ 가시덤불

쓱-싹- 수수께끼 105 비 중에 가장 무서운 비는?

쏴아아아~

헉! 무서워……!

정답: 도깨비

사람과 항상 함께 자는 개는?

"코오……, 냠냠."

"난 너의 베개가 아니야."

정답: 베개

사람들이 가장 싫어하는 거리는?

쓱-싹- 수수께끼 109 사람들이 즐겨 먹는 제비는?

쏙-싹- 수수께끼 110
새 옷을 입어도 검고 헌 옷을 입어도 검게 보이는 것은?

난 새 옷이지!

나도 옷 좀 사 줘요.

정답: 그림자

새 중에 가장 빠른 새는?

쌩~~

깜짝!

헉! 무가 지나갔는데?

정답: 쏜살같이 빠른 새

쏙-싹- 수수께끼 112 서로 진짜라고 우기는 신은?

"내가 진짜지!"

"나야, 나!"

"아니! 내가 진짜야!"

쓱-싹- 수수께끼 113 세계에서 가스가 가장 많이 나는 나라는?

"치이이이이……."

"가스 떨어질 일 없겠다!"

부탄 가스

정답: 부탄

쓱-싹- 수수께끼 114 세상에서 가장 더러운 집은?

"세상에서 가장 더러운 집은 어떤 집……?"

"더러워! 그만해!"

푸욱!!

쓱-싹- 수수께끼 115
세상에서 가장 뜨거운 복숭아는?

복숭아 온도가 1,000도?!

1000℃

화르르~~

정답 군불타오아

세상에서 가장 무서운 소녀는?

"쟤는 무서운 얘야!"

"헉! 무서워!"

화르르르~

"으으으…… 화가 난다……"

정답 남아사공룡

쓱-싹- 수수께끼 117 — 세상에서 가장 빠른 개는?

번쩍!

와! 엄청 빨라!

정답: 번개

쓱-싹- 수수께끼 118 세상에서 가장 빠른 닭은?

닭 잡아라!

후다다닥!!

정답: 후다닥

쓱-싹- 수수께끼 119 세상에서 가장 슬기로운 동물은?

펑~

안녕하세요? 무엇이든 물어보세요.

저는 슬기롭답니다.

헉! 다슬기가 말을……?

정답: 다슬기

쓱-싹- 수수께끼 120
세상에서 가장 차가운 바다는?

내가 말할게.

넌 소해! 푸하하하!

덜덜덜덜

으, 썰렁하다, 썰렁해!

 # 세상에서 가장 행복한 바다는?

쓱-싹- 수수께끼 122 세상에서 가장 행복한 민족은?

대만 여행은 대만족이었어요.

만족~
만족~

정답: 대만족

 # 세상에서 제일 큰 나무는?

쭈우우욱~~

우와, 엄청 크다!

정답: 대나무

쓱-싹- 수수께끼 125 소가 여러 마리면?

쏙-싹- 수수께끼 126
'소가 웃는 소리'를 세 글자로 줄이면?

소가 죽으면?

천국에서 만나요!

dieso

정답: 다이소

소가 한 마리면?

"제 소원은요……."

소고기가 없는 나라를 뭐라고 할까?

쏙-싹- 수수께끼 130
손님이 뜸하면 돈 버는 사람은?

요즘 손님이 뜸한 거 같아…….

정답: 뜸하사

손이 아니라 발로 쳐야 하는 장구는?

쓱-싹- 수수께끼 132
스타들이 싸우는 모습을 뭐라고 할까?

쓱-싹- 수수께끼 134: 신발이 화가 나면?

아! 너무 세게 묶었잖아. 아파!

정답: 사납다

아버지가 가장 좋아하는 톤은?

알라뷰!

아빠의 사랑은 역시 어머니!

정답: 어머니(money, 돈)

아부를 잘하는 사람이 신는 신은?

아이들이 좋아하는 감은?

툭!
가을에는 감을 따야지.
툭!
와!
툭!

정답: 꿀꺽감

쓱-싹- 수수께끼 138
아픈 곳이 없어도 병원에 꼭 가야 하는 사람은?

쓱-싹- 수수께끼 139 '아홉 명의 아이'를 세 글자로 줄이면?

저희 아이들이랍니다!

아이코, 많이도 낳았다!

정답: 아이구

쓱-싹- 수수께끼 140 · 안녕을 다섯 번 하면 무엇이 될까?

정답: 우핑어이피

쓱-싹- 수수께끼 141 앉으면 멀어지고 일어서면 가까워지는 것은?

에잉, 멀어지기 싫어요.

정답: 천장

쓱·싹 수수께끼 142 — 앞을 가려야만 잘 보이는 것은?

뭐지? 잘 안 보여 …….

!

정답: 바퀴벌레

약도 아닌데 약이라고 하는 것은?

쓱-싹- 수수께끼 144

어려서는 꼬리로 헤엄치고 커서는 다리로 헤엄치는 것은?

정답: 개구리

쓱-싹- 수수께끼 145 어른들이 즐겨 먹는 피는?

음, 역시 피는 coffee가 최고야.

스읍~

정답: 커피

어린 물고기를 뭐라고 부를까?

쓱-싹- 수수께끼 147 언제나 말다툼이 일어나는 곳은?

언제나 머리를 풀고 서 있는 나무는?

와, 버드나무!

흐허허헉!
귀……
귀신!

정답: 버드나무

엄마가 길을 잃으면?

여름엔 일하고 겨울엔 쉬는 것은?

"열심히 일해야지!"

휘이이잉~

8월

"아, 시원하다!"

"읍! 읍!"

12월

"따뜻……."

열심히 짤 모은 다음에 버리는 것은?

"하하하. 식구가 많아서 …….”

"헉!"

플라스틱 비닐

정답 분리수거

오이가 죽었다. 묘비명은 뭘까?

쏙-싹- 수수께끼 153

"오이야, 네가 좋아하던 오이무침이야."

묘비: 오이 닮은 우리강아지 오이 여기 잠들다.

정답: 오이호잉무덤

쓱-싹- 수수께끼 154
온가족이 모두 기다리는 배는?

쓱-싹- 수수께끼 155
옷을 벗으면 온몸이 이빨투성이인 것은?

훌렁~~

몰래 옥수수를 먹다니! 딱 걸렸어!

정답: 옥수수

쓱-싹- 수수께끼 156
외나무 끝에 갈대밭이 있는 것은?

치카~ 치카~

치카~ 치카~

푸아아아. 양치하기 어려워!

운전자가 가장 싫어하는 춤은?

쓱-싹- 수수께끼 158 울다가 그친 사람은?

"너 그렇게 울면 호랑이가 잡아간다!"

뚝!

으, 아깝다.

정답: 아씨 운 사람

쓱-싹- 수수께끼 159 음매음매 우는 나무는?

이(2) 더하기 이(2)는?

쓱-싹- 수수께끼 160

"이 더하기…… 이…….""

2 + 2 = ?

"으이구 답답해. 내 이빨을 보라고!"

쓱-싹- 수수께끼 161 일(1) 더하기 일(1)은?

여기 일 추가요.

휙 휙

일이 너무 많은 거 아니요?

욱구 정답

쓱-싹- 수수께끼 163
일하기 전에 반드시 검은 물에 목욕하는 것은 무엇일까?

"정신 무장을 위해……."

푸
욱!

정답: 붓

읽을 수 없는 동화는?

엄마, 얼른 동화 읽어 주세요.

냄새 나니까 치워 줄래?

입으로 먹지 않고 귀로 먹는 것은?

쓱-싹- 수수께끼 166
자가용의 반대말은?

우와! 엄청 크다!

흐흐흐.

정답: 커용

자나 깨나 볼 수 없는 것은?

……. 이게 내가 자는 모습이라고?

푸하하하!

정답: 잠들어 있는 자기 모습

쓱-싹- 수수께끼 168
잘못도 없이 항상 밟히는 것은?

악!
아얏!
아!
아파!

정답: 신발

저축을 좋아하는 나무는?

와, 이게 다 돈이면 얼마나 좋을까?

탈 탈 탈 탈~

정답: 은행나무

쓱-싹- 수수께끼 170
전화기 숫자를 모두 곱하면 나오는 수는?

> 자, 이 숫자를 다 곱하면?

010-1234-5678

> 어려워……!

정답 0

젊어서 늙었다고 하는 것은?

"에휴, 이제 늙었어."

아직 생생하구먼!
어디서 늙었다고!

쓱-싹- 수수께끼 172: 조금만 나와도 쑥 나왔다고 말하는 것은?

쓱-싹- 수수께끼 173 죽이다의 반대말은?

난 왜 죽이야!

난 밥인데?

정답 **밥이다**

쓱-싹- 수수께끼 174
쥐 네 마리가 모여 있는 것을 부르는 말은?

쿵쿵~

찍찍찍!

찍찍찍!

정답: 쥐시렁(four, 싣)

직접 만든 총의 이름은?

"이 손수건 안에 내가 만든 총이 있다."

정답 군수건(gun, 총)

진짜 문제투성이인 것은?

진짜 새의 이름은 무엇일까?

짹짹짹~
짹짹짹~

진짜 새가 나타났다!

차가 다니는 길이 없는 나라는?

책은 책인데 글자가 하나도 없는 책은?

"독서 한다더니?"

"그것도 책이잖아요, 헤……."

정답: 만화책

추울 때 찾는 끈은?

으, 추위……. 따뜻한 끈 좀…….

여기, 여기…….

추장보다 높은 것은?

나보다 높은 추장이 있다고?

높이 올리자!

 **커지면 커질수록 가벼워지는 것은?**

두둥실~~

어! 뜬다!

정답 풍선

수수께끼 183: 큰 입으로 먹고 작은 입으로 내보내는 것은?

콰아아아아~~~

졸졸졸졸~

정답: 주전자

쓱-싹- 수수께끼 184 : 큰 물고기만 들어갈 수 있는 물은?

야호! 물이다!

안 돼! 여긴 들어 오면 안 돼!

키가 클수록 땅에 가까워지는 것은?

으으으……. 조금만 더 크면 돼.

파리 중에 가장 무거운 파리는?

쓱-싹- 수수께끼 187
팔 없이 서로 끌어당기는 것은?

쓱-싹- 수수께끼 188 팔에서 소리가 나는 것은?

뿌우우우~~
뿌우우우~~

엥? 팔에서 소리가 나는데?

쓱-싹- 수수께끼 189: 팽이는 팽이인데 돌지 못하는 팽이는?

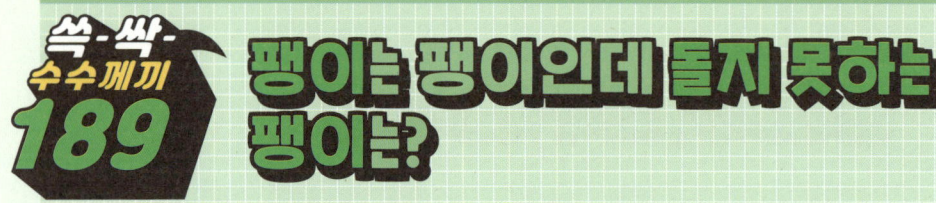

돌아! 돌란 말이야! 너도 팽이잖아!

으히히히!

팡! 팡! 팡!

난 팽이가 아니야!

정답: 달팽이

쓱-싹- 수수께끼 190 펭귄이 타고 다니는 차는?

가자! 알래스카로!

부아아아앙~

정답: 펭귄카

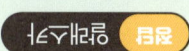

쓱-싹- 수수께끼 192. '하늘과 땅' 사이에 있는 것은?

정답: 과

하루 종일 꿀을 달라고 하는 동물은?

꿀! 꿀! 꿀! 꿀!

그만 좀 꿀꿀거려.

정답 돼지

쓱-싹- 수수께끼 194
한 곳으로 들어가서 두 곳으로 나오는 것은?

정답 바지

쓱-싹- 수수께끼 195 항상 같은 표정으로 추는 춤은?

쓱-싹- 수수께끼 196
항상 방귀를 뀌는 나무는?

뽕!
뽕!
뽕!
뽕!
여기서 방꿔 끼면 아무도 모르겠지?
뽕~
뽕~
읍!

정답 **뽕나무**

허수아비의 아들 이름은?

아들아! 새로부터 벼를 잘 지켜야 한다.

네, 아버지!

훔치면 훔칠수록 칭찬받는 것은?

우와! 엄청 잘 닦았네.

제가 잘 훔쳤죠?

반짝

반짝

많이 훔쳤구나!

쓱-싹- 수수께끼 200 '할아버지 발은 큰 발이다.'를 네 자로 줄이면?

할아버지 놀리는 거 아니다!

푸하하하!

왕발이에요.

정답 ㅋ 큰발(조)발(大)발

초판 1쇄 발행 2023년 11월 10일

지은이 인호빵
펴낸이 김영조
편집 김시연 | **디자인** 이병옥 | **마케팅** 김민수, 조애리 | **제작** 김경묵 | **경영지원** 정은진
외주진행 신영숙, 정은희 | **외주디자인** 문수미
펴낸곳 싸이클 | **주소** 서울시 마포구 양화로7길 44, 3층
전화 (02)335-0385/0399 | **팩스** (02)335-0397
이메일 cypressbook1@naver.com | **홈페이지** www.cypressbook.co.kr
블로그 blog.naver.com/cypressbook1 | **포스트** post.naver.com/cypressbook1
인스타그램 싸이프레스 @cypress_book | 싸이클 @cycle_book
출판등록 2009년 11월 3일 제2010-000105호

ISBN 979-11-6032-210-1   73030

- 이 책은 저작권법에 따라 보호를 받는 저작물이므로 무단 전재 및 무단 복제를 금합니다.
- 책값은 뒤표지에 있습니다.
- 파본은 구입하신 곳에서 교환해 드립니다.
- 싸이프레스는 여러분의 소중한 원고를 기다립니다.

싸이클은 싸이프레스의 어린이 도서 브랜드입니다.